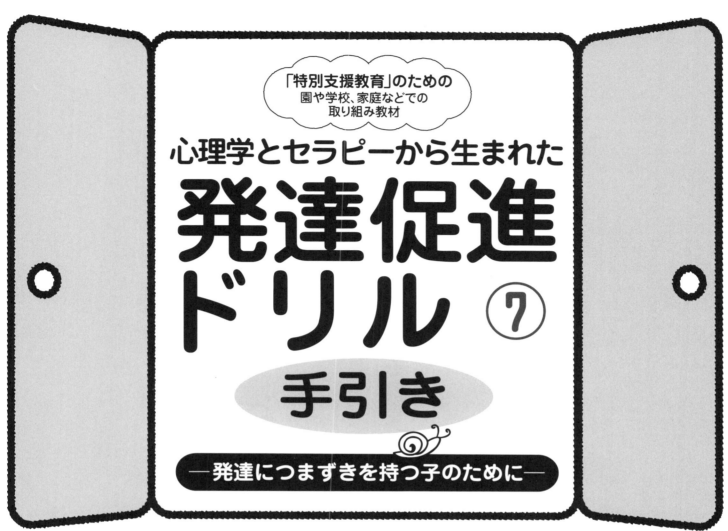

「特別支援教育」のための
園や学校、家庭などでの
取り組み教材

心理学とセラピーから生まれた

# 発達促進ドリル ⑦

## 手引き

― 発達につまずきを持つ子のために ―

編・著／湯汲 英史

〔(公社)発達協会 常務理事／言語聴覚士〕

JN132457

発 行／すずき出版

# 発刊にあたって

## はじめに ◇◇◇◇◇◇◇◇◇◇◇◇◇◇◇◇◇◇◇

「子どもの発達は拘束されている」といわれます。

歩くことも話すこともできずに生まれてきた赤ちゃんが、1歳を過ぎた頃から歩けたり、話せたりするようになります。運動の発達では、両足で跳べるのが2歳、スキップができるのが4歳となっています。ことばの面も、1歳は単語、2歳は二語文、3歳になると三語文をまねして言え、5〜6歳では文字の読み書きができるようになります。

例えばある子が"ぼくは歩くのは後でいいから、お絵描きが先に上手になりたい"と思っても、特別のことがない限りそれはできないようになっています。"自分の思うようには進めない、成長できない"だから「発達は拘束されている」と表現されます。

子どもの中には、自然に次々と進むはずの発達が、スムーズにいかない子がいます。遅れがちな子もいます。どうしてそうなのか、はっきりとした原因は分かっていません。

ただ、このような子たちへのさまざまな試みの中で、発達を促すために指導や教育が必要なことが分かってきました。そして、指導や教育が一定の効果をあげることも明らかになってきました。

この『発達促進ドリル』シリーズは、発達心理学、認知心理学などの知見をもとに作られました。特に、実際に発達につまずきを持つ子にとって有効な内容のものを選びました。

### ★7巻では・・・

教えないと気づきにくいのが、見えない"心の動き"や"気持ちのことば"です。そういう面への気づきの弱さを持つ子がいます。

この巻では、理由の表現や自己認知など、子どもの内面の活動についても取り上げました。また、トラブルの原因になりやすい「わざと―わざとじゃない」の理解を進めるための課題も入れました。

## 目的 ◇◇◇◇◇◇◇◇◇◇◇◇◇◇◇◇

　このドリルは、子どものことば、認知、数、文字の読み書き、生活、社会性などの面での健やかな発達を求めて作られました。

## 特色 ◇◇◇◇◇◇◇◇◇◇◇◇◇◇◇◇◇

①「手引き」では、各問題を解説しました。"子どもの《発達の姿》" として、発達から見た意味を、"指導のポイント" では、子どもの状態を把握できるようにし、また教え方のヒントも示しました。

②内容によっては正答をまず示し、子どもが質問されている内容や答え方などを分かりやすくしました。また、ドリルの中には、ゆうぎ歌もあります。これは、子どもの興味や社会性を高めるために取り上げました。

③このドリルでは、ことば、認知、数、文字、生活、社会性などの領域の問題を取り上げました。ただそれぞれの領域の問題は、明確に独立したものばかりではありません。ことばと生活がいっしょなど、複数の領域にまたがる内容もあります。

　これは、子どもの暮らしそのものが、多様な領域が渾然一体となっていることからきています。

　例えば「洋服を着る」という場面を考えてみましょう。ある子にとってはこのときに、洋服の名前、着る枚数、洋服の色などとともに、用途や裾を入れるなどマナーも学んでいるかもしれません。つまり、子どもは大人のように領域ごとに分けて学ぶ訳ではないということです。

④このドリルは、1冊に12の課題が含まれています。今回のシリーズは10冊で構成されています。シリーズ合計では、120の課題で構成されています。

### お願い

　まずは、子どもの取り組もうという気持ちを大切にしましょう。課題の順番に関係なく、子どもの興味や関心に合わせて、できるテーマから取り組んでください。

　子どもによっては、難しい問題があります。難しくてできないときには、時間をおいて再チャレンジしてください。

湯汲　英史

（公社）発達協会 常務理事
言語聴覚士

# ① ことば（用途・抽象語：抽象語②）

## どれでしょうか？

### 🐻 ことばかけのポイント

● 「あそびましょう」と子どもに言ったときに、何も反応がないときには「あそび」ということばの意味が分かっていない可能性があります。「積み木」とか「ブロック」などと、具体的に名前をあげて話しかけてみましょう。

### 子どもの《発達の姿》

「運動します。外に出ましょう」と大人が声をかけます。普通に見られる光景です。外に出てから、「運動会の練習をします。"かけっこ"しましょう」と言ったとします。ここで、急に不機嫌になる子がいます。なかには、怒り出す子もいるでしょう。

この子たちのような反応は、子どもが「運動します」と聞いたときに、例えば、「運動＝ボール遊び」と思ったときに起こります。

大人は、「運動します」と言いながら、頭の中には何の運動をするかがイメージされています。この場合は、「運動＝運動会の練習＝かけっこ」でした。

ところが、子どものイメージは違っていました。それで、子どもは不機嫌になったり怒ったりします。このようなイメージの食い違いは、「運動＝抽象語」だから起こります。他にも、「外食しよう」と言った後に、大人の頭の中にある「お店」のイメージと、子どものイメージが食い違うと、子どもは不服そうにしたりします。

抽象語が引き起こす誤解を防ぐためには、内容を具体的にことばにして示す必要があります。

☆なお、「抽象語」については、第4巻「手引き」4ページ ことば（用途・抽象語：抽象語①）も合わせてお読みください。

### 指導のポイント

**★抽象語が分からない**

抽象語が分からない場合には、抽象語に含まれるものを、実際にいくつか例として挙げます。例えば、「かけっこ、なわとび、鉄棒は運動です」という言い方もそのひとつです。そして「どの運動がしたいですか？」といった聞き方にします。

### ワンポイントアドバイス

日常生活では、頻繁に抽象語を使っています。「お手伝いしましょう」「運動するのは健康によいことです」などです。例を挙げていたらキリがありません。子どもにとっては、その抽象語が分かりにくいことがあります。分からないときに"ひょっとしたらこういう意味かな？"と子ども自身が「類推」してくれればよいのですが、それがうまくできない子もいます。分かりにくいことばがあることを前提に、子どもとコミュニケーションを取れば、お互いの誤解もきっと少なくなることでしょう。

# ② ことば（異同弁別ほか：間違い探し②）

## まちがいを さがしましょう

### ことばかけのポイント

● 途中であきらめたりするときには、違うところが4つあることを繰り返し話しましょう。

● 間違っている所がどこだったか、子どもに振り返らせてみましょう。記憶ゲームにもなります。

### 子どもの《発達の姿》

　間違い探しの問題は、「間違いがある。それを探す」という能力を子どもにはぐくみます。当たり前のことのようですが、この能力は、何事にも「間違いがあるかもしれない。間違わないように注意しよう」という心構えにも通じていくようです。間違い探しに興味を持ち出す頃と、文字を読み、書くことができるようになる時期はおおむね重なります。文字の細部の違いに気づけなければ、正しい読み書きはできません。「間違わないようにしよう」という気持ちの高まりが、「注意深く、正しく見よう」という姿勢につながるのでしょう。

　細部への用心深い注目は、文字ばかりではなく、絵や工作にも現れます。子どもの作品が、"細部への注目"と"手指の動きの成熟"などに合わせて精緻なものになります。

☆なお、「間違い探し」については、第6巻「手引き」5ページことば（異同弁別ほか：間違い探し①）も合わせてお読みください。

### 指導のポイント

**★間違いが分からない**

　一回で全部の間違いを見つけられないときやそのときに分からない場合も含め、時間を置いて挑戦してもよいでしょう。ひとつでも間違いが見つけられれば、意味ややり方は分かっていますので、そのうちに必ず探し出せるようになります。

### ワンポイントアドバイス

　日常生活では、整理整頓を意識させましょう。しまう場所を覚えられないときには、マークやデジカメの写真をはるなどして、子どもに分かりやすくしましょう。

　このようにして、"きちんと見る""ちゃんとしまう"などを子どもに意識させながら、「間違わないように注意する力」を高めます。

# どうして（なぜ）ですか？

## ことばかけのポイント

●ことばだけでは理由の意味が分かりにくいときには、大人が顔で表情を作ったり、説明的な絵などを使ったりして伝えましょう。

## 子どもの《発達の姿》

「ごはん食べなさい」「お着替えしなさい」という大人の指示に対して、「いや」と答える子ども。2歳前後から見られだす姿です。その子が2歳半ばくらいになると「あとで」「いま、眠い」と答えるようになります。これは「あとでするから」「眠いから、いまはできない」という意味だと思います。「いや」だけでは相手は分かってくれない、理由を言わなければダメなことを理解しだすのでしょう。自分と他者が分離しだし、自分の考えと相手のそれが違うのを知りだすからともいえます。

この後に、「だって」ということばを使い出します。ところが、「だって」に続く理由付けがうまく表現できません。このために「だってさ、だってさ」とことばにつまる場面も見られます。とはいうものの、理由を説明しようとの気持ちの高まりは大切にすべきです。

理由が上手く言えないことに気づいた子どもは、「どうして？」「なんで？」と大人に質問しだします。こうやって、相手に伝わる理由の内容や表現法を学びます。

ところが、「どうして？」「なんで？」とほとんど質問しない子がいます。当然ですが、相手に分かってもらえる理由が言えません。理由は、社会性とも密接な関係があります。ぜひとも、理由を表現できるようにしたいものです。

## 指導のポイント

### ★理由が言えない子

自分なりの理由が言えない子には、「A：○○だから　B：△△だから、どっちかな？」と理由を二者択一で示し、選ばせるようにします。こうやって、理由を確実に学ばせます。

日常的に「どうして○○が好き？A：おいしいから？　B：まずいから？」と聞いてあげたいものです。こうやって、自分の考えをまとめ、理由を説明できるようにします。

## ワンポイントアドバイス

「おいしいから食べてごらん」「あと少しで終わるから、もうちょっとがんばろう」と、大人は言いがちです。人間は、理由なしには行動しないという暗黙の了解があるのか、大人のことばかけには無意識に理由が入ることが多いようです。

大人は、理由を言っているから理解できる、従うべきと思います。だから自信を持って話します。ところが子どもの理解力によっては、大人の理由が分かりません。それで従わないでいると、「分かっているのに、やらない」と大人は思い込みます。「どうしてやらないの？」と理由を聞きます。それが子どもをますます混乱させ、コミュニケーションが中断する原因になることがあります。

子どもの理解の段階によっては、「おいしいから」と言うよりも、「おいしいよ」と言い「食べよう」と勧めた方がよいでしょう。

「あと少しで終わるから」ではなく、例えば「5分でおしまい」の方が分かりやすく、「もうちょっと」ではなく「5回やろう」が了解を得やすい子もいます。

要するに「理由」ではなく、子どもに見させたり、区切りや回数を明確に伝えたりした方が伝わりやすくなります。

# 4 ことば（文作り：振り返り① 〜何をした？①）

## なにを しましたか？

### ことばかけのポイント

● 自分がしたことが分かりにくいときには、指を立てて「いち、水泳。に、レストランでご飯」というように、体験したことの数と、したことの内容を強調しましょう。

●「ドリル」P.16 の質問では、3つが難しいときには、ひとつから始めましょう。

### 子どもの《発達の姿》

　過去の体験を振り返ることの大切さは、過去のことをことばで表現できるようになることだけではありません。不適切な言動を修正するためにも、振り返りは必要な能力です。多くの子どもは、過去のことを振り返るのが苦手のようです。「今日は何をしましたか？」と聞いても、「忘れた」ということばや無言の反応が多いことでしょう。大人のように、振り返りながら自分を反省し、適応的な行動を取っていくという点においては、子どもは未熟です。

　子どもは未来に向かって生きています。振り返って反省することよりも、失敗をいくつも重ねながらも、それにもめげないで先に進むパワーの方が大切なのかもしれません。そういう意味では、振り返りはあまり必要ではないとも思えます。とは言いながら、振り返る力がないと、適切な言動が学べない可能性があります。子どもにみられる、"振り返ることへの抵抗"を減らし、また、振り返りが習慣となるようにしたいものです。

☆なお、「振り返り」については、第5巻「手引き」7ページ
　ことば（疑問詞:いつ 〜表現①）も合わせてお読みください。

### 指導のポイント

**★振り返ろうとしない**

　もともと子どもは、振り返れるけれどもそれをおっくうに思う心理的な傾向があるようです。大人でも眠いときなどに、「今日、何をしたか？」と質問されると、答えるのが面倒だったりします。振り返るためには、相応の精神力が必要といえます。

　子どもが振り返ろうとしないときには、カレンダーや時計などを使い、振り返る際の目安やヒントを示しましょう。

### ワンポイントアドバイス

　まず文章があり、その内容を振り返る形式の問題が「ドリル」P.13 〜 15 までです。この内容は、実は短文記憶の問題ともいえます。日常的には、「ドリル」P.16 の「（自分で）きのうしたことを、3つ話して（書いて）ください」という質問が大切です。これが実際には、振り返りの問題となります。子どもが体験したことや感じたことを大人が聞くことは、その内容が適度であれば、子どもには自分への注目（＝大人の愛情）を感じるコミュニケーションの機会にもつながります。

# ⑤ ことば（自他の分離：得意なこと）

## どちらが とくい（じょうず）ですか？

### ことばかけのポイント

● 「とくい」「じょうず」が分からないときには、「うまいこと」「マルでできること」などのことばに言い換えてみましょう。

● 「どちら（どれ）も得意」と答えてもOKとします。ある時期までの子どもは、大人と違い客観的な評価ができないからです。ただ、考えるのが面倒くさくてそう答える場合には、「もっとよく考える」ように促しましょう。

### 子どもの《発達の姿》

振り返る力も関係しているのでしょうが、ある時期から子どもは、自分のさまざまな能力について「得意－苦手」という区分けをしだすようになります。ただ、この時期の「得意」は客観的なものではありません。自分なりに「得意と思っている」ことです。また得意と思うことが、いくつもあったりします。

この得意なことが分かり始めた後に、「大人になってから何になりたいですか？」という質問に、「電車の運転手」「園の先生」など、実在する仕事の名前を言うようになります。答えが言えるようになる背景には、

◆今は子どもでも、いつか大人になること
◆実在する仕事への興味や関心
◆（今はできないけれども）必ず自分はできるようになるという思いが強まる

などの理由からだと思われます。

この必ず自分はできるようになるという思いのベースには、「得意」という気持ちの芽ばえがかかわっているのでしょう。今までできなかったことができるようになったのが、短いながらも子どもの「自分史」です。そして得意なこともできました。その自信が"大人の仕事もできるようになる"と、子ども自身に思わせるのでしょう。

「得意－苦手」なことは、人によって違います。このことが、自分と他者の違い、自他の分離を促していきます。

### 指導のポイント

★**得意なことがない**

多くの子どもは自分に対して有能感や全能感を持っているようですが、なかにはそうでない子もいます。できないことばかりを話し、「できない」と思い込む子です。行動などを細かく分けて、それぞれについて「得意－苦手」という自己評価ができないのでしょう。

そういう場合、大人はできないことを指摘するのを控え、子どもができることを本人に伝え、励ますようにしましょう。

### ワンポイントアドバイス

子どもの言う「得意－苦手」は客観的ではないことが多いものです。子どもが「なんでもできるよ」「上手だよ」といったときに、「上手じゃないよ、下手だよ」と大人が客観的に評価するのは考えものです。

この時期の子どもにとって、自分は何でもできると思えることが、さまざまなことを学習していく際の、推進力になっていると思われるからです。「下手だよ」との大人のことばが、子どもの意欲を薄める可能性があります。

# 6 ことば（短期記憶：文の記憶②）

## おぼえましょう

### ことばかけのポイント

●助詞の部分は強調して話してもよいでしょう。字が読めて助詞が抜ける場合には、助詞の部分に下線を引くなどして、目立つようにします。

### 子どもの《発達の姿》

子どもが、一度に聞き取れることばの数は、短文記憶の問題で推測することができます。子どもに誤解させないためには、聞き取れる語数が重要なポイントとなります。三語しか聞き取れない子に、「手が真っ黒に汚れているから、石けんでよく洗わないとダメだよ」と言っても理解されない可能性があります。「手が真っ黒。汚れているね。石けんでごしごし、洗ってね」というように、短文で切るようにして話す方が通じやすくなります。

子どもに丁寧に話しかけることは、短期記憶の容量が少ない場合には、理解不能なだけでなく、ときには混乱につながることもあるでしょう。これは大人でも同じで、不慣れな外国語での会話では、相手から言われる語数が二語文程度だとよく理解できたりします。

ことばが未熟な子どもは、ときには内心では「ツー　ワード　プリーズ（Two words please）」と言いたいのかもしれません。

☆なお、「短期記憶」については、第5巻「手引き」9ページ ことば（短期記憶：文の記憶①）も合わせてお読みください。

### 指導のポイント

★**助詞が抜ける、間違える**

助詞が正確に言えなくとも、文章をほぼ復唱できるならば、時間を置いてトライしてみましょう。助詞は聞きなれて分かっていく側面があるからです。聞いた回数が正確さへとつながることがあります。

### ワンポイントアドバイス

日常的に、子どもが一度に聞き取れることばの数を把握しておくことが大切です。聞き取れることばの数に配慮しながら、話しかけるようにしましょう。

# ⑦ 文字（数字①）

## すうじを むすび（いれ）ましょう

### 🐻 ことばかけのポイント

●質問の意味が分からないときには、まずは答えを教えます。そうやって求められている答え方を伝えましょう。

### 子どもの《発達の姿》

数字の並びですが、機器やカレンダーなどを使い、順番（法則性）があることを教えましょう。1から順番に数えることで、数唱の力もしっかりとしてくるでしょう。

### ワンポイントアドバイス

数字は、日常生活を送るうえでは欠かせないものとなっています。高層のマンションで生活している子は、早い時期から数字が読めるようになるとされます。エレベーターを使うからです。数字に興味が薄い子の場合は、さまざまな場面で教えるようにし、数字をより身近なものにしましょう。

### コラム 「セラピー室から①」ウチとソト

ある時期から子どもは、大人に対して「〜をしました」「〜だと思います」というように、丁寧なことばを使いだします。「大人の日本語が使えるようになりましたね」と、親に話したりします。女の子の方が早いようで、小学校低学年から使い出す子がいます。男の子のだいたいの目安は、小学4年生前後からです。

子どもは、仲間内ではぞんざいなことばを使います。仲間同士で丁寧なことばを使うのは堅苦しいし、よそよそしい感じです。一方で大人向けには、丁寧な言い方をします。

こういうことばの使い分けは、「ウチ」と「ソト（ヨソ）」という意識の強まりと関係があるようです。ソト（ヨソ）の人に、丁寧なことばを使うようになる頃から、家族や仲間にとって不利なことは外部に

# 8 数 （比較：多少①）

## どちらが おおい（すくない）でしょうか？

### ことばかけのポイント

● 「多い」が分からないときには、「いっぱい」「たくさん」とことばを言い換えて聞きましょう。
● 「多い」が分かってきたら、「少ない」を質問してみましょう。

### 子どもの《発達の姿》

大小のことばが分かり、比較判断ができるようになるずっと前から、子どもは大小判断ができるとされます。それは、小さなお菓子よりも大きなお菓子を選ぶことで分かります。

つまり、視覚的には比較判断ができているといえます。それが、ことばと結びつくようになるまでには時間がかかります。

数量についても同じで、赤ちゃんの頃から多い方をよく見るとされています。多い方が刺激の数が多く、その分だけ長い時間見る必要があります。「多い―少ない」も、ことばと結びつくまでには時間がかかります。

### 指導のポイント

★ 「多い―少ない」が分からない

線で結ぶなどして、1対1対応をしながら、多い方を教えていきましょう。

### ワンポイントアドバイス

「多い―少ない」が分からないときには、日常的に、お菓子や果物など実際の物をとおして、「多い―少ない」を教えていきましょう。

話さなくなります。それ以上に、仲間のことそのものを親に話さなくなります。

親は自分にとって「ウチの人」です。しかし、仲間から見れば「ソトの人」です。人間関係はひととおりではなく、立場や状況によって関係性が変わります。大人はこのことを知っています。このように、自分にとって親と仲間はいつも変わらず「ウチの人」ではないことを理解する頃から、大人のような人間関係を学び始めるといえます。なお、人に対してわけへだてのない、昔の江戸っ子のような話し方をする子もいます。人なつっこい場合は、個性の範疇と感じます。

ところが、中学生になっても「大人の日本語」を使わない子がいます。例えば、学校の先生に対して、仲間に使うような乱暴なことばで話しかけます。なかには、家では丁寧なことばを使う子がいます。だから親は問題に気づきません。「ウチ」と「ソト」が逆転し、家がソト、先生がウチ（仲間）になっているかのようです。

こういう子ですが、仲間（友だち）がいないことがほとんどです。安心感のあるウチを持てない子。そのことが、ウチなる仲間を作れないことと関係があるのかもしれません。このような子には、大人を仲間扱いにしたいという理由をはかり、かかわりたいものです。

なお、子どもが乱暴なことばを使う場合、"嫌悪、軽蔑、不満"などが原因のこともあります。それぞれに合わせた対応が必要となります。

# 9 数 (順位数①)

## どれでしょうか?

### ことばかけのポイント

●大人がまずは、「一番、二番、三番」というように数えましょう。この際に、絵を指で押さえながら数えましょう。

### 子どもの《発達の姿》

子どもが、順番を競うようになる時期があります。何にでも、自分が一番になろうとします。

初めの頃は、「一番＝○＝勝ち」「それ以外＝×（バツ）＝負け」という認識のようです。それが成長とともに、「一番目、二番目、三番目」という、順序数が理解されていきます。

順序数が分かってくると、多人数での競争では「一番＝勝ち」ではあるけれど、「二番＝負けなのかな？　勝ちなのかな？」と悩みだすようです。そのうちに、一番でなくてもよいと思うのか、「一番になれなくて泣き騒ぐ（"一番病"といったりします）」ことがなくなってきます。一番になれなくて泣き騒ぐ時期は、さほど長くはありません。そうそういつも一番になれるものではないことが、体験的に分かってくるからでしょう。

### 指導のポイント

#### ★順序数が分からない

絵では難しいときには、実際の物を使ってもよいでしょう。また、園や学校では順番に並ぶ場面や、家庭ではお風呂に入る順番などを伝え、子どもに順序数を意識させるようにしましょう。

### ワンポイントアドバイス

子どもをいつも一番や勝者にしていると、"一番病"から抜け出せなくなる可能性があります。負ける体験は、社会性の成長のためにはとても大切です。

### コラム 「セラピー室から②」 役立ち体験

5歳になったばかりの男の子。集団行動が取れない、というのが園での相談内容でした。その男の子と会った瞬間に、とても緊張していることが分かりました。まばたきを繰り返すチックも見られます。

話をすることにしました。
「どんな食べ物が好き？」と聞くと、「バナナ」と答えます。
「どうして好きなの？」と聞くと、無言。再度尋ねると、荒げた声で「いわない」と言い、こちらをにらみつけます。そこで、「そんな大きな声で言わない。もっとやさしく言って」と返しました。

本来ならば、うまく答えられないときには「分からない」とか「難しい」と言えばすみます。ところが彼は、過剰に緊張し

# ⑩ 社会性（模倣・ルール：順番と待つ態度）

## どっちが まる かな? どっちが おにいさん（おねえさん）かな?

### ことばかけのポイント

● 「ドリル」P.39〜40の問題は、他の子の気持ちを類推し、当てるという内容です。気持ちのことばの意味が分かりにくいときには、大人が演技して見せましょう。

### 子どもの《発達の姿》

　子どもの行動をコントロールする要素としては、大人から言われて学んだことだけではなく、理解の成長に合わせて、徐々に周りの子や他の人の反応も加わってきます。

　つまり、相手が喜びそうだから自分で行動する、逆に相手が怒るから、悲しむから自分はしない、という姿が見られてきます。

　これは相手の感情が分かり、その感情を踏まえて行動が取れるようになるといえます。子どもは、実際の日常生活で濃淡はありますが、はっきりと分かるようになる前から、このような力を使って暮らしているようにも思えます。

　「順番を守らない」「ルールを破る」と、他の子たちがどのような気持ちになるかを考えさせる問題を入れました。

　マイナスの気持ちに気づかせ、そのことも含めて行動を抑止できるようにならないと、本当のコントロール力にはつながらないからです。

### 指導のポイント

#### ★人の気持ちに関心がない

　子どものなかには、自分の気持ちを顔に表せない子がいます。無表情だからといって、気持ちに必ずしも鈍感ではなく、理解していないわけでもありません。

　このような子には、「いい顔して」「笑った顔、見せて」というようにして、自分で顔の表情を作れるようにしましょう。スマイル・トレーニングで、顔の表情筋を滑らかに動かせるようにします。表情を作るにも練習が必要なのです。いい顔ができたら、「楽しそう」「うれしそうだね」というように気持ちのことばを教えましょう。

### ワンポイントアドバイス

　「たのしいよね」「おもしろいね」「悲しそうだよ」というように、気持ちをことばにして伝えるようにしましょう。子どもによっては、阿吽（あうん）の呼吸では伝わらないと思った方がよいでしょう。

てしまいます。そして、答えられないときには、相手を威嚇するような声や態度で威圧しようとします。

　こういう子は、他の子たちにも同じような態度に出ます。大人も子どもも人間です。人間関係の取り方は、基本的にはあまり変わらないものです。彼は他の子にすぐに手が出るなど、乱暴することが分かりました。

　人と上手くかかわれないことが分かっているのでしょう。ただ子どもですから上手くいかない理由や、どうかかわればよいのかが分かりません。家庭での様子を聞くと、やはり暴君のようで、母親に命令口調で話し、ときには叩いたりするとのことでした。子どもも含めて、人とのかかわりのなかで生まれる緊張。その緊張を吐き出す相手が母親となっています。

　園では、命令口調の話し方を変えさせる、係りを与えて「役立ち体験」を積ませる、また、乱暴したときには、被害を受けた子たちが納得できるように集団に入れないなどの対応をアドバイスしました。ご両親には、ちゃんと社会性が育っていないことが問題、子どもに振り回されないようにする、親に命令する、叩くなどいけないことはいけないときちんと教えることを伝えてもらいました。

　欧米でいう「家庭内暴力」は、強者の親が子どもにふるう暴力のことです。ところが日本は、子どもが親に乱暴します。哀しすぎる現実ですが、親子とはいえ、子どもにけじめをはっきりとつけさせてこなかったことの、ひとつの結果のように思えます。

# ⑪ 社会性（役割を果たす：〜の仕事②）

## だれが きめるのでしょうか？

### ことばかけのポイント

● 「帰り」「出かける」などのことばが分かりにくいときには、「おうちに帰ります」「スーパーに行きます」など、子どもに分かりやすい表現にしましょう。

### 子どもの《発達の姿》

ある男の子は、園の先生と話をしません。園は、子ども集団を相手とする教育の場です。いつも、子どもの思いどおりの行動を許すことはできません。そこで先生が、普通に彼に指示や命令を出します。それに対して彼は、「先生は命令ばかりする」と取り、その指示に従いません。その姿は反抗的、挑戦的と見えたりするでしょう。ところが実際には、反抗的でもなければ大人の意図が読めないというのでもありません。ただ、決定権を誤解しているだけといえます。

根本の原因とメカニズムを分かっていないで対応すると、子どものなかにさらに誤解を生みだし、またそれを強めてしまう可能性があります。

彼に対しては、「おしまいを決めるのは先生の仕事」であることを教える必要があります。そこで先生は彼に、「クラスのみんなが楽しく遊べること、それにケガや病気をしないようにするのが（先生の）仕事」であると明確に伝えました。

お母さんには、彼の誤解について話しました。決定権を理解するには、幼児期において数年かかることも説明しました。お母さんはこれまで、彼のことを自分で何でも決めたがる子と思ってきたようです。そう思いつつ、男の子だから自分の意志を強く持ち、押し通すことがあってもよいと考えてきました。話さないのは、恥ずかしいからとも思い込んでいました。

彼のお母さんばかりでなく、親は自分の意志を押し通す子どもの姿を見て、「成長した」という誤解を持つのかもしれません。"早く自分で決められる子に"という願いが、誤った認識を支えます。このために、子どもは誤解を修正できずに定着させてしまうことも多いのでしょう。

決定権を、子どもに最初からすべて与える大人はいないでしょう。例えば、おこづかいの額ですが、年齢に合わせて少しずつ増やします。そうやって、子どもの裁量権を徐々に広げていき、大人の金銭感覚が持てるようにしていきます。

決定権はおこづかいと同じように、様子を見ながら徐々に、子どもに与えていくことが大切だと思います。

☆なお、「〜の仕事（決定権）」については、第4巻「手引き」13ページ 社会性（役割を果たす：〜の仕事①）も合わせてお読みください。

### 指導のポイント

★決定権を誤解している

すでに誤解している子には、「決めるのはママ」「先生のお仕事」と話をし、誤解を解く、根気強い努力が必要です。合わせて、家でのお手伝いや、園や学校などでの係りの仕事をさせて、人の役割や仕事への認識を深めさせましょう。

決定権や役割などが分かっていないと、日々の生活の中でさまざまなトラブルに巻き込まれる可能性があります。誤解のために周りと上手くいかず、人とかかわることに自信が持てないままに、家に引きこもることもあります。

### ワンポイントアドバイス

大人は、この決定権ついてはよく考え、子どもに誤解を植え付けないようにしましょう。

# 12 社会性（感情のコントロール力：わざとじゃない）

## わざとかな？ わざとじゃないのかな？

### ことばかけのポイント

● 「わざと」と「わざとじゃない」の違いが分からないにときには、「わざと」は意地悪そうに、「わざとじゃない」は
あやまるような気持ちで言いましょう。

### 子どもの《発達の姿》

　乱暴な子どもの相談を、しばしば受けます。乱暴する子について、周りの子に「どんな子？」と質問すると、「『ごめんなさい』って言わない」と話すことがあります。

　5歳前後から子どもは、相手の行為が「わざと」か「わざとでない」かを、判断の際の重要な材料にしだします。行為よりも動機を重視しだすといえます。

　ぶつかっても、わざとでなければ許します。このときに「わざとでない」ことの証しが「ごめんなさい」のことばです。欧米では、身体がちょっと触れただけで「エクスキューズ　ミー」や「アイム　ソーリー」と言います。触れたときに、「あなたに悪意は持ってはいません」ということを、きちんと表明する文化といえます。

　乱暴な子の中には「わざと」と「わざとでない」の違いに気づいていない子がいます。だから「ごめんなさい」のことばが出てきません。「わざとでない」ことが分からないために、総じて相手の行為を「わざと＝悪意」と取りがちです。相手はいつも「わざとやった」という誤解が、乱暴につながったりします。

　このような子には、「わざと」と「わざとじゃない」の2つがあることや「わざとじゃない」ときには許すこと、「ごめんなさい」と謝ることを教える必要があります。

　また、このような子は、「みんながぼくのことをいじめる」と話したりします。大人が注意すると、「ぼくばかり怒られる」といったりします。「相手はわざとじゃない。それなのに、相手に乱暴した」のは悪いことだと話しても、「わざとじゃない」がよく分かっていません。このために、怒られる理由が本当には理解できません。

　ところで「わざと」の場合はどうやって解決すればよいのでしょうか。子どもは謝罪だけではだめで、弁償や相応の罰を受けるべきだと考えだします。このことが、6歳くらいから分かりだします。

### 指導のポイント

★ 「わざとじゃない」が分からない

　絵だけでなく、実演しながら教えると効果的です。

★ 「わざと」やっているのに、すぐに「ごめんなさい」
　と言ってあやまり、ごまかす

　「ごめんなさい」と言えば許されると思っています。謝罪だけでは許さないようにしましょう。修復や弁償、あるいは相応の罰が必要なこともあるでしょう。

### ワンポイントアドバイス

　行動した後に、子どもに直接、聞いたり、大人が推測したりして、「わざと」か「わざとじゃない」かを、明らかにします。明確にしていくうちに、あえて言わなくても子どもは区別がつくようになるでしょう。

# 心理学とセラピーから生まれた 発達促進ドリル 10巻内容一覧

※内容は、一部変更される場合があります。ご了承ください。

| 分類 | 項目 | | 1巻 | 2巻 | 3巻 | 4巻 | 5巻 | 6巻 | 7巻 | 8巻 | 9巻 | 10巻 |
|---|---|---|---|---|---|---|---|---|---|---|---|---|
| A.ことば | 物の名前 | 擬音語 | 擬音語①指さし | 擬音語② | | | | | | | | |
| | | 物の名前 | 物の名前①指さし | 物の名前② | 物の名前③ | 物の名前④ | 物の名前⑤(2切)片 | 物の名前⑥(3,4切)片 | | 物の名前(7)(5切)片 | 物の名前(8)(複数) | |
| | 用途・抽象語 | 用途 | 用途① | | 用途② | | | | | | | |
| | | 抽象語 | | | | 抽象語① | | | 抽象語② | | | |
| | | 物の属性 | | | | | 物の属性① | | | 物の属性② | | |
| | からだの部位 | | からだの部位①② | | | | | からだの部位③ | | | からだの部位④ | |
| | 異同弁別（ほか） | | おなじ | 何 | だれ | どこ | ちがう①② | どうやって | 間違い探し① | 間違い探し② | 探し物 | 欠所探し |
| | | 疑問詞 | | | | | いつ | | なぜ、どうして①(何をした？)① | なぜ、どうして②(何をした？)② | なぜ、どうして③(何をした？) | なぜ、どうして④(明日は何をする？) |
| | | （表現など） | | | | | (表現)① | 様子の表現② | 理由の表現③ | 理由の表現④ | 理由の表現⑤ | 理由の表現⑥ |
| | | | | | | | | 叙述・説明① | 叙述・説明② | 叙述・説明③ | | |
| | | | | | | | | | 振り返り① | 振り返り② | | |
| | | | | | | | | | 得意なこと | 苦手なこと | 上手になりたいこと | |
| | 自他の分離 | | | 2つ | 自他の分離① | | 自他の分離② | | | | | |
| | 文作り | | 二語文理解① | 二語文理解② | 助詞①② | 助詞③ / 確認・報告 | 文の記憶① | | 文の記憶② | | | 文の記憶③ |
| ※短期記憶 | | | | | | | | | | | | |
| B.文字 | 形の見分け・文字 | | | 形の見分け | 形の見分け① | 形の見分け② | | | 文字を読む① | 文字を読む② | 文字を読む① | 文字を読む②／字を書く |
| | 模写 | | 線を引く① | | 線を引く② | | | | | | | |
| C.数 | 空間把握 | | | | 上下①② | そば | | 前後 | | | | |
| | 数字 | | | | | | 数字(レジスターなど) | 数字① | 数字① | 数字② | 数字② | 数字② |
| | 比較 | | 大小比較① | 大小① | 大小② | 大小③ | 高低 | 長短 | 多少① | 多少② | | |
| | 集合数 | | | | | | 集合数① | | 集合数② | 集合数② | | 集合数 |
| | 数唱 | | | | | | 数唱(5まで) | 数唱① | 数唱(10まで) | 数唱(10まで) | | |
| | 順位数（序数） | | | | | | 順位数① | 順位数① | 順位数① | 順位数② | 順位数② | |
| | 合成と分解 | | | | | 合成と分解 | 合成と分解① | 合成と分解②③ | | 合成と分解②③ | | |
| D.社会性 | 模倣・ルール | | いっしょに① | いっしょに① | | 順番・ルール①② | | 順番と待つ態度 | | | | |
| | 思いやり | | はんぶんこ① | はんぶんこ① | あげる―もらう① | | あげる―もらう② | | | | | |
| | 生活 | | | 口を拭く・手を洗う・顔を洗う | 歯磨き | 排泄 | | 洗顔 | | | | |
| | 役割を果たす | | | | ～して、～やって | ～の仕事① | | ～の仕事② | | ～の仕事② | ～の仕事③／一般知識 | 道徳①② |
| | 感情のコントロール力 | | そっと | 大事・大切 | 手はおひざ | 残念・仕方ない | 小さな声で言う | 「かして」と言う | かさどじゃない | ～かもしれない | 怒った声を出さない | |
| | 問題数 | | 12 | 12 | 12 | 12 | 12 | 12 | 12 | 12 | 12 | 12 |

# 1. どれでしょうか？

ことば（用途・抽象語：抽象語②）

**あそんで**います。どれでしょうか？ □のなかに まるを つけましょう。

**うんどう**しています。どれでしょうか？ □のなかに まるを つけましょう。

**たいそう**しています。どれでしょうか？ □のなかに まるを つけましょう。

# 1. どれでしょうか?

ことば（用途・抽象語：抽象語②）

**でかけよう**としています。どれでしょうか？　□のなかに まるを つけましょう。

**おてつだい**をしています。どれでしょうか？　□のなかに まるを つけましょう。

**かいもの**をしています。どれでしょうか？　□のなかに まるを つけましょう。

# 1. どれでしょうか?

ことば（用途・抽象語：抽象語②）

**おとうばん**の しごとをしています。どれでしょうか? □のなかに まるを つけましょう。

**べんきょう**しています。どれでしょうか? □のなかに まるを つけましょう。

**はっぴょう**しています。どれでしょうか? □のなかに まるを つけましょう。

# 1. どれでしょうか？

ことば（用途・抽象語：抽象語②）

**がっき**を ひいています。どれでしょうか？ □の なかに まるを つけましょう。

**たいそう**しています。どれでしょうか？ □の なかに まるを つけましょう。

**りょこう**にいっています。どれでしょうか？ □の なかに まるを つけましょう。

# 2. まちがいを さがしましょう

ことば（異同弁別ほか：間違い探し②）

よく みてみよう。 4つ ちがう ところが あります。
ちがう ところを まるで かこみましょう。

# 2. まちがいを さがしましょう

ことば（異同弁別ほか：間違い探し②）

よく みてみよう。　4つ ちがう ところが あります。
ちがう ところを まるで かこみましょう。

# 2. まちがいを さがしましょう

ことば（異同弁別ほか：間違い探し②）

よく みてみよう。 4つ ちがう ところが あります。
ちがう ところを まるで かこみましょう。

# 2. まちがいを さがしましょう

ことば（異同弁別ほか：間違い探し②）

よく みてみよう。 4つ ちがう ところが あります。
ちがう ところを まるで かこみましょう。

# 3. どうして（なぜ）ですか？

ことば（疑問詞：なぜ、どうして① 〜理由の表現③）

「りんごが すきです」
どうして（なぜ）ですか？
□のなかに まるを つけましょう。

□ おいしいから　　□ はやいから

---

「ラーメンが すきです」
どうして（なぜ）ですか？
□のなかに まるを つけましょう。

□ ながいから　　□ おいしいから

# 3. どうして（なぜ）ですか?

## 「カレーライスが すきです」
どうして（なぜ）ですか?
□のなかに まるを つけましょう。

□ きれいだから　　□ おいしいから　　□ すっぱいから

## 「スパゲッティが すきです」
どうして（なぜ）ですか?
□のなかに まるを つけましょう。

□ すきだから　　□ まるいから　　□ おいしいから

## 「バナナが すきです」
どうして（なぜ）ですか?
□のなかに まるを つけましょう。

□ かわを むくから　　□ おいしいから　　□ ちいさいから

# 3. どうして（なぜ）ですか？

「つみきで あそぶのが すきです」
どうして（なぜ）ですか？
□のなかに まるを つけましょう。

□ たのしいから　□ しかくだから　□ つみきだから

「プールが すきです」
どうして（なぜ）ですか？
□のなかに まるを つけましょう。

□ みずだから　□ たのしいから　□ プールだから

「えを かくのが すきです」
どうして（なぜ）ですか？
□のなかに まるを つけましょう。

□ クレヨンだから　□ すわるから　□ たのしいから

# 3. どうして（なぜ）ですか？

ことば（疑問詞：なぜ、どうして①～理由の表現③）

「まんがが すきです」
どうして（なぜ）ですか？
□のなかに まるを つけましょう。

□ まんがだから　　□ おもしろいから　　□ おいしいから　　□ ちいさいから

---

「かけっこが すきです」
どうして（なぜ）ですか？
□のなかに まるを つけましょう。

□ おそいから　　□ ながいから　　□ そとだから　　□ たのしいから

---

「トランプが すきです」
どうして（なぜ）ですか？
□のなかに まるを つけましょう。

□ ともだちだから　　□ ながいから　　□ たのしいから　　□ おいしいから

# 4. なにを しましたか?

ことば(文作り:振り返り① 〜何をした?①)

「きのう すいえいに いきました。
そのあとに レストランで ごはんを たべました」
きのう なにとなにを しましたか?

きのう したことを かきましょう。
(   )
(   )

# 4. なにを しましたか?

「きのう スーパーに かいものにいき
ボールを かいました」
きのう なにとなにを しましたか?

きのう したことを かきましょう。

（　　　　　　　　　　　　　　　　　　）

（　　　　　　　　　　　　　　　　　　）

# 4. なにを しましたか?

ことば（文作り：振り返り①〜何をした？①）

「きのう こうえんへいき すべりだいで あそびました。
そのあと ブランコで あそびました」
きのう なにとなにをして あそびましたか?

きのう あそんだ ことを かきましょう。

（　　　　　　　　　　　　　　　　　　　　）
（　　　　　　　　　　　　　　　　　　　　）

# 4. なにを しましたか?

**ことば（文作り：振り返り① 〜何をした？①）**

あなたが きのう したことを 3つ はなして（かいて）
ください。

① きのう

_____

_____

_____

② きのう

_____

_____

_____

③ きのう

_____

_____

_____

※ 3つが難しいときには、数を減らしましょう。

# 5. どちらが とくい（じょうず）ですか？

ことば（自他の分離：得意なこと）

あなたは どちらが とくい（じょうず）ですか？
□のなかに まるを かきましょう。

ごはんを たべる

かけっこをする

# 5. どちらが とくい（じょうず）ですか？

ことば（自他の分離：得意なこと）

あなたは どちらが とくい（じょうず）ですか？
□のなかに まるを かきましょう。

てつぼうをする

はを みがく

あなたは どちらが とくい（じょうず）ですか？
□のなかに まるを かきましょう。

なわとびをする

おてつだいをする

# 5. どちらが とくい（じょうず）ですか？

ことば（自他の分離：得意なこと）

あなたは どちらが とくい（じょうず）ですか？
□の なかに まるを かきましょう。

かけっこを する

ほんを よむ

あなたは どちらが とくい（じょうず）ですか？
□の なかに まるを かきましょう。

なわとびを する

つみきで あそぶ

# 5. どちらが とくい（じょうず）ですか？

あなたは どちらが とくい（じょうず）ですか？
□のなかに まるを かきましょう。

じを かく

あいさつをする

くつを そろえる

あなたは どちらが とくい（じょうず）ですか？
□のなかに まるを かきましょう。

おてつだいをする

なわとびをする

ボールを なげる

# 6. おぼえましょう

ことば（短期記憶：文の記憶②）

したに かいてある ぶんしょうを おぼえましょう。

おかあさんと ハンバーグを つくりました。

※同じ文章を、見ないで言わせましょう。

また、子どもに聞いたり、紙に書いたりしてもらいましょう。

「だれと 作りましたか？」「何を 作りましたか？」

# 6. おぼえましょう

したに かいてある ぶんしょうを おぼえましょう。

> ともだちと プールで およぎました。

※同じ文章を、見ないで言わせましょう。
また、子どもに聞いたり、紙に書いたりしてもらいましょう。
「だれと 泳ぎましたか？」「どこで 泳ぎましたか？」

# 6. おぼえましょう

ことば（短期記憶：文の記憶②）

したに かいてある ぶんしょうを おぼえましょう。

> ともだちと つみきと トランプで あそびました。

※同じ文章を、見ないで言わせましょう。
　また、子どもに聞いたり、紙に書いたりしてもらいましょう。
　「だれと 遊びましたか？」「何と何で 遊びましたか？」

# 6. おぼえましょう

ことば（短期記憶：文の記憶②）

したに かいてある ぶんしょうを おぼえましょう。

こうえんで ボール<ruby>ぼ<rt></rt></ruby>と なわとびをして あそびました。

※同じ文章を、見ないで言わせましょう。
また、子どもに聞いたり、紙に書いたりしてもらいましょう。
「どこで 遊びましたか？」「何と何で 遊びましたか？」

# 7. すうじを むすびましょう

1から10まで じゅんばんに せんで むすびましょう。
なにが できるかな？

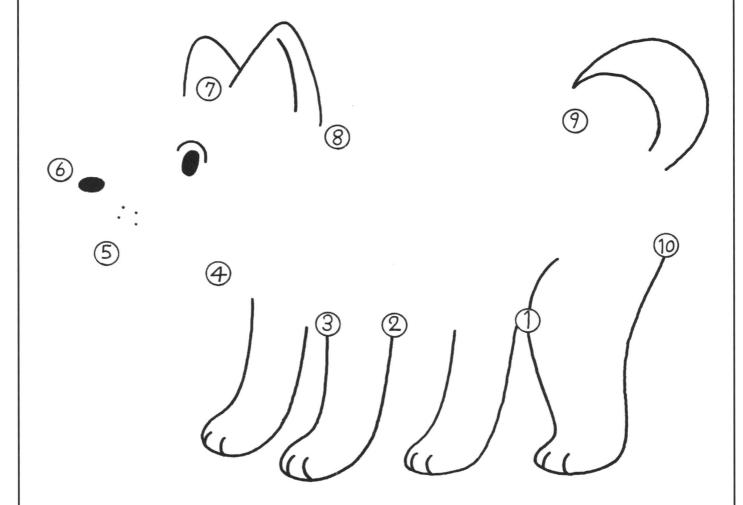

# 7. すうじを いれましょう

文字（数字①）

あいている ところに はいる すうじは なにかな？
すうじを かきましょう。

①—②—③—④—◯—⑥—⑦—⑧—⑨—⑩

---

あいている ところに はいる すうじは なにかな？
すうじを かきましょう。

①—②—③—◯—⑤—⑥—⑦—◯—⑨—⑩

---

あいている ところに はいる すうじは なにかな？
すうじを かきましょう。

①—②—◯—④—◯—⑥—◯—⑧—◯—⑩

# 7. すうじを いれましょう

文字（数字①）

あいている ところに はいる
すうじは なにかな？
すうじを □のなかに
かきましょう。

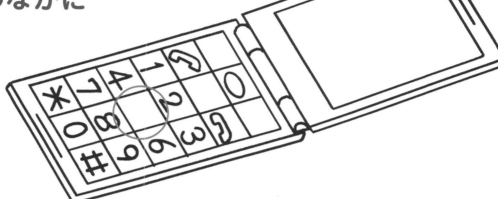

あいている ところに はいる
すうじは なにかな？
すうじを □のなかに
かきましょう。

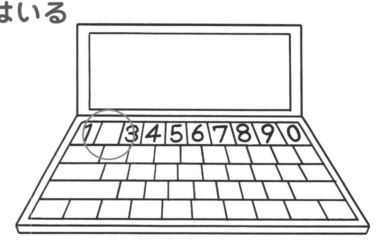

あいている ところに はいる
すうじは なにかな？
すうじを □のなかに
かきましょう。

# 7. すうじを いれましょう

あいている ところに はいる
すうじは なにかな？
すうじを □のなかに
かきましょう。

□

---

あいている ところに はいる
すうじは なにかな？
すうじを □のなかに
かきましょう。

□

---

あいている ところに はいる
すうじは なにかな？
すうじを □のなかに
かきましょう。

□ □

# 8.どちらが おおい(すくない)でしょうか?

数（比較：多少①）

どちらが おおいでしょうか?
□のなかに まるを つけましょう。

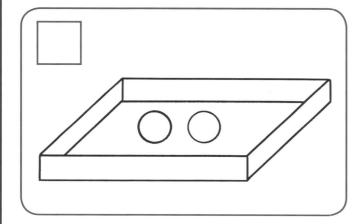
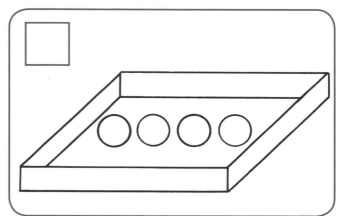

どちらが おおいでしょうか?
□のなかに まるを つけましょう。

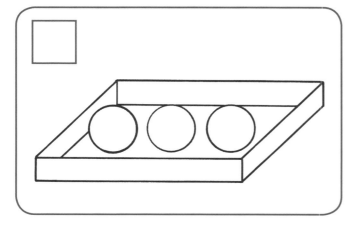
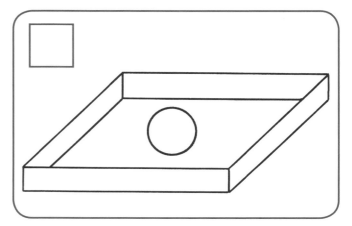

# 8. どちらが おおい (すくない)でしょうか?

数 (比較:多少①)

どちらが おおいでしょうか?
□のなかに まるを つけましょう。

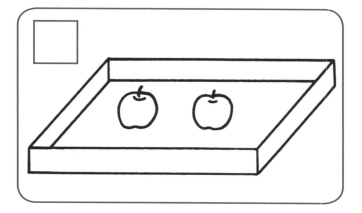 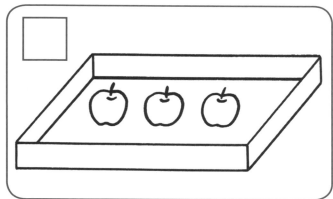

どちらが おおいでしょうか?
□のなかに まるを つけましょう。

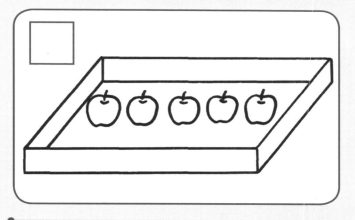 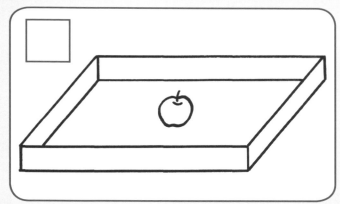

どちらが おおいでしょうか?
□のなかに まるを つけましょう。

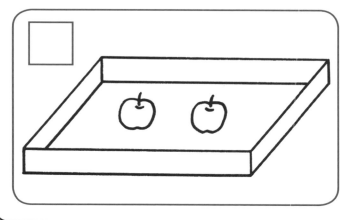 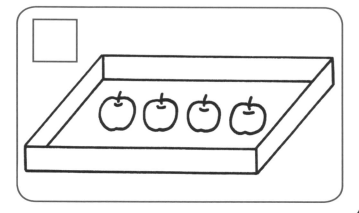

# 8. どちらが おおい(すくない)でしょうか?

数(比較：多少①)

どちらが すくないでしょうか?
□のなかに まるを つけましょう。

どちらが すくないでしょうか?
□のなかに まるを つけましょう。

どちらが すくないでしょうか?
□のなかに まるを つけましょう。

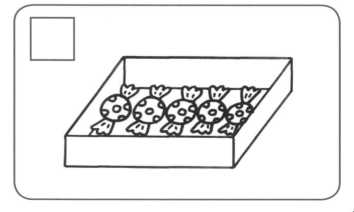

# 8. どちらが おおい(すくない)でしょうか?

どちらが おおいでしょうか?
□のなかに まるを つけましょう。

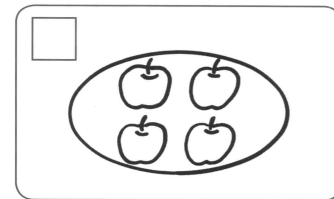

どちらが おおいでしょうか?
□のなかに まるを つけましょう。

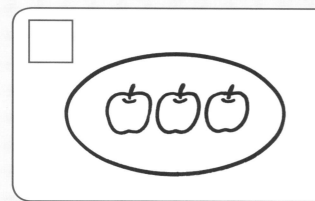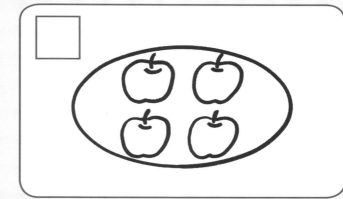

どちらが おおいでしょうか?
□のなかに まるを つけましょう。

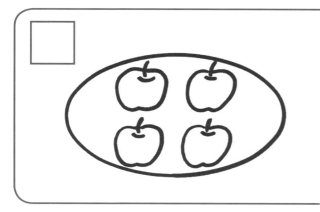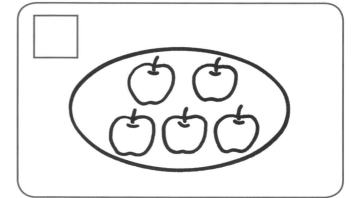

# 9. どれでしょうか?

数(順位数①)

いちばん おおきいのは どれでしょうか?
まるで かこみましょう。

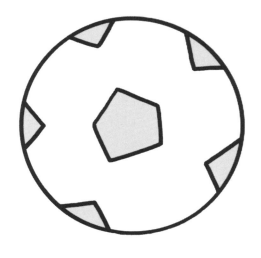

いちばん ちいさいのは どれでしょうか?
まるで かこみましょう。

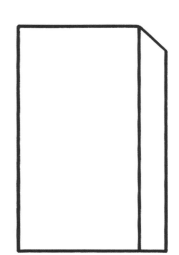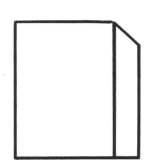

# 9. どれでしょうか?

数(順位数①)

いちばん おおきいのは どれでしょうか?
まるで かこみましょう。

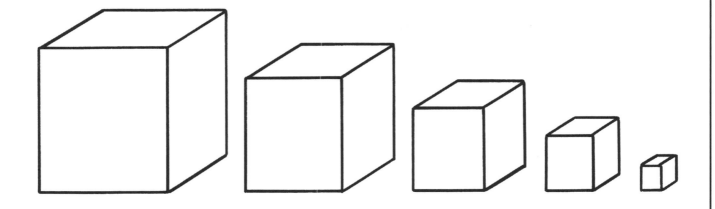

にばんめに ちいさいのは どれでしょうか?
まるで かこみましょう。

# 9. どれでしょうか?

さんばんめに おおきいのは どれでしょうか?
まるで かこみましょう。

さんばんめに ちいさいのは どれでしょうか?
まるで かこみましょう。

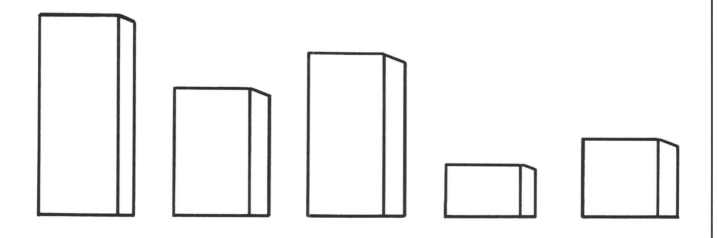

# 9. どれでしょうか?

にばんめに おおきいのは どれでしょうか?
まるで かこみましょう。

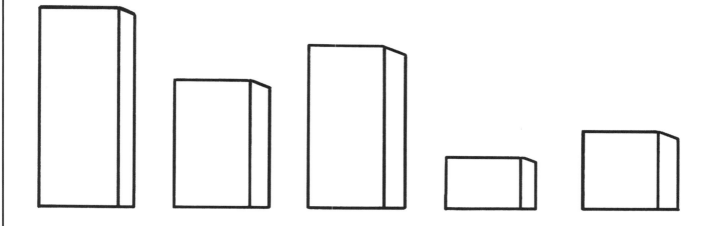

いちばん ちいさいのは どれでしょうか?
まるで かこみましょう。

社会性（模倣・ルール：順番と待つ態度）

どっちが まる かな?
□のなかに まるを つけましょう。

| まてないで さわぐ | しずかにならんで まつ |

どっちが まる かな?
□のなかに まるを つけましょう。

| しずかに すわる | おこって さわぐ |

どっちが まる かな?
□のなかに まるを つけましょう。

しずかに きく

ふざけて さわぐ

どっちが まる かな?
□のなかに まるを つけましょう。

きょろきょろする

しずかに きく

どんな きもちでしょうか？
みぎから えらんで ばんごうと せんで むすびましょう。

ならんでいる れつに わりこまれました。

・なきそう

・おこっている

# 10. どっちが まる かな？ どっちが おにいさん（おねえさん）かな？

社会性（模倣・ルール：順番と待つ態度）

どんな きもちでしょうか？
うえから えらんで ばんごうと せんで むすびましょう。

いたい　　　　　かなしい　　　　おこっている

トランプを とられました。

# 11. だれが きめるのでしょうか?

社会性（役割を果たす：〜の仕事②）

「かえりの じかんを きめる」のは だれでしょうか?
□のなかに まるを つけましょう。

□ おかあさん 　 □ こども

「でかける じかんを きめる」のは だれでしょうか?
□のなかに まるを つけましょう。

□ おかあさん 　 □ こども

# 11. だれが きめるのでしょうか?

「おもちゃを かうかどうかを きめる」
のは だれでしょうか?
□のなかに まるを つけましょう。

☐ おかあさん　　☐ こども

---

「どの えきで おりるかを きめる」のは だれでしょうか?
□のなかに まるを つけましょう。

☐ おかあさん　　☐ こども

# 11. だれが きめるのでしょうか?

社会性（役割を果たす：〜の仕事②）

じゆう じかんです。だれが きめるのでしょうか?
□のなかに まるを つけましょう。
「つみきで すきな ものを つくる」

□ こども　　□ せんせい

じゆう じかんです。だれが きめるのでしょうか?
□のなかに まるを つけましょう。
「すきな えを かく」

□ こども　　□ せんせい

# 11. だれの しごとでしょうか?

社会性（役割を果たす：〜の仕事②）

「おえかきするよ」 といいます。
だれの しごとでしょうか?
□のなかに まるを つけましょう。

□ こども　　　□ せんせい

「すわって ください」 といいます。
だれの しごとでしょうか?
□のなかに まるを つけましょう。

□ こども　　　□ せんせい

# 12. わざとかな? わざとじゃないのかな?

ぶつかったので 「ごめんなさい」 と いいました。
わざとかな? わざとじゃないのかな?
どちらでしょうか? □のなかに まるを かきましょう。

□ わざと 　 □ わざとじゃない

# 12. わざとかな？ わざとじゃないのかな？

社会性（感情のコントロール力：わざとじゃない）

ボールを ねらって ぶつけました。
わざとかな？ わざとじゃないのかな？
どちらでしょうか？ □のなかに まるを かきましょう。

□ わざと　　□ わざとじゃない

# 12. わざとかな? わざとじゃないのかな?

社会性（感情のコントロール力：わざとじゃない）

うしろのこが ぶつかりました。それで おこって まえの
こを おしました。
わざとかな? わざとじゃないのかな?
どちらでしょうか? □のなかに まるを かきましょう。

□ わざと　　□ わざとじゃない

# 12. わざとかな? わざとじゃないのかな?

社会性（感情のコントロール力：わざとじゃない）

よそみしていて まえのこに ぶつかったので 「ごめんな
さい」 といいました。
わざとかな？ わざとじゃないのかな？
どちらでしょうか？ □のなかに まるを かきましょう。

☐ わざと   ☐ わざとじゃない